LA VIDA EN
LAS SELVAS

Lucy Baker

Asesor: Roger Hammond

PRINCETON ■ LONDON

Publicado en Estados Unidos y Canadá
Two-Can Publishing LLC
234 Nassau Street
Princeton, NJ 08542

www.two-canpublishing.com

© 2000, Two-Can Publishing

Para más información sobre libros y multimedia de Two-Can,
llame al teléfono 1-609-921-6700, fax 1-609-921-3349,
o consulte nuestro sitio Web http://www.two-canpublishing.com

Two-Can es una marca registrada de Two-Can Publishing
Two-Can Publishing es una división de Zenith Entertainment plc,
43-45 Dorset Street, London W1H 4AB

ISBN 1-58728-138-4

sc 2 3 4 5 6 7 8 9 10 02

Impreso en Hong Kong por Wing King Tong

FOTOGRAFÍAS:
p.5, Bruce Coleman; p. 7, Heather Angel/Biofotos (superior) y South American Pictures/Tony Morrison (inferior);
p.8, Bruce Coleman/E. & P. Bauer; p. 9, Ardea/Pat Morris; p. 10, Ardea/Anthony & Elizabeth Bonford (superior) y
Bruce Coleman/J. Mackinnon (inferior); p. 11, NHPA/L. H. Newman (superior), Survival Anglia/Claude Steelman
(centro) y NHPA/Jany Sauvanet (derecha); p. 12, Ardea (inferior) y Bruce Coleman (superior); p. 13, Bruce
Coleman; p. 14, The Hutchison Library/J. von Puttmaker; p. 15, Survival International/Steve Cox (superior) y The
Hutchison Library/J. von Puttmaker (inferior); p. 16, Bruce Coleman/Michael Fogden; p. 17, Survival
International/Victor Englebert; p. 18, Impact Photos; p. 19, The Hutchison Library; pp. 20-21, NHPA; p. 22, Oxford
Scientific Films/R. A. Acharya; portada, Michael & Patricia Fogden; contraportada, Tony Stone Worldwide.

ILUSTRACIONES: Francis Mosley. Historia ilustrada por Valerie McBride

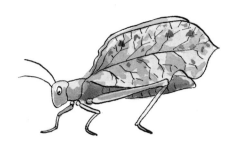

ÍNDICE

CONTEMPLA LA SELVA

Imagínate un bosque en el que nada ha cambiado desde hace 60 millones de años. Un bosque cuyos gigantescos árboles parecen alcanzar el cielo. Unos árboles cuyo frondoso follaje impide que la luz llegue hasta el suelo. Imagínate un lugar en el que la temperatura diurna es casi idéntica a la nocturna; la de una estación, semejante a todas las demás estaciones; y la de un año, idéntica a la del siguiente. Un lugar en el que las nubes nunca se alejan y en donde llueve torrencialmente. Así es la selva.

En la selva viven dos tercios de los animales y de las plantas terrestres. Y es muy probable que el tercio restante se haya originado en las selvas hace millones de años.

Pero las selvas no sólo son el hábitat de plantas y animales. También viven en ellas, desde hace muchas generaciones, hombres.

Las palabras que aparecen **en negrita** vienen explicadas en el vocabulario que hay al final del libro.

¿SABÍAS QUE...?

● Las selvas son los lugares más lluviosos del mundo. Caen hasta 10 m de agua al año.

● Durante los últimos 50 años se ha talado casi la mitad de las selvas del mundo. Y la deforestacion prosigue… Se calcula que en el año 1989 se destruyeron unas 25 hectáreas de selva cada minuto.

LOS NIVELES DE LA SELVA

En el frondoso techo de la selva, a unos 30 m de altitud, se encuentra la mayor parte de la vida. Aquí, las ramas de los gigantescos árboles se entretejen para formar un verde y exuberante **palio vegetal**.

Poco puede crecer bajo este palio, en la oscuridad. Allí donde logra filtrarse la luz, luchan por crecer árboles más pequeños y plantas.

Al nivel del suelo crece poca vegetación. Sin embargo, está recubierto de un lecho de hojas y otros residuos provenientes del palio. Plantas, insectos y animales convierten estos residuos en alimento.

Palio vegetal

Capa inferior

Suelo

¿DÓNDE SE ENCUENTRAN?

Más de la mitad de las selvas se encuentran en Centroamérica y en Suramérica. El resto está en diversas regiones de África, Asia y Australia. Prácticamente todas las selvas se hallan entre dos líneas imaginarias que están al norte y al sur del **ecuador**: el **trópico de Cáncer** y el **trópico de Capricornio.** De ahí que las selvas se denominen también bosques tropicales.

En los trópicos hace calor y humedad desde hace millones de años. Gracias a estas condiciones climáticas constantes, las selvas se han convertido en el **medio ambiente** más complejo y variado del mundo. Algunos

científicos han señalado la existencia de hasta 40 tipos diferentes de selvas, cada uno con su propia variedad de vida vegetal y animal.

En el pasado, las selvas formaban un ancho cinturón verde alrededor de nuestro planeta. Hoy día, las fotografías tomadas desde el espacio nos muestran una realidad muy diferente. Grandes extensiones de selvas se han talado a fin de ganar terreno para la agricultura, las viviendas y las industrias. También están desapareciendo muchas especies animales.

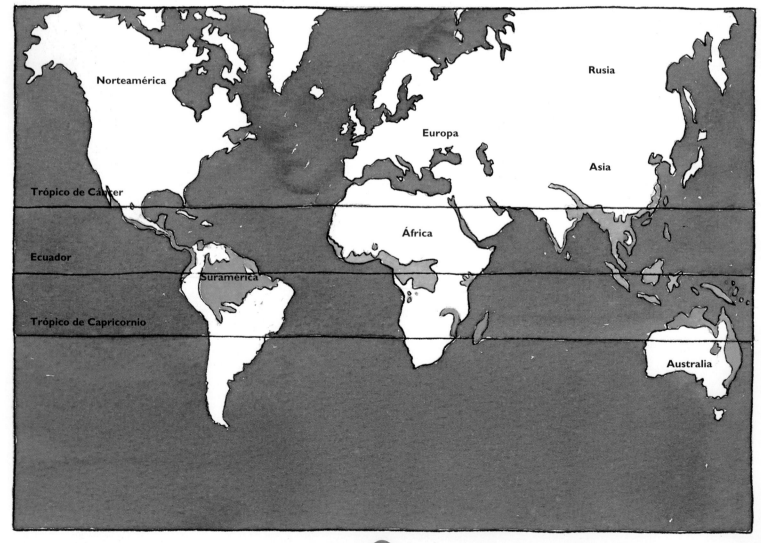

▶ En los trópicos, el único cambio que se produce en las condiciones meteorológicas es un aumento de la pluviosidad durante la época de lluvias. Esto implica que los árboles de las selvas no necesitan florecer en verano ni despojarse de sus hojas en otoño. Cada especie de árbol tiene su propio ciclo de crecimiento. Y, al ser distintos los ciclos de las diversas especies, siempre hay abundancia de flores, frutas, nueces y semillas para alimentar a la fauna que habita en la selva.

▼ La mayor selva del mundo se encuentra en la cuenca amazónica, en Suramérica. Tiene una extensión algo menor que Australia. El río Amazonas serpentea por la selva. Es el mayor sistema fluvial del mundo. Durante la época de lluvias, el Amazonas inunda vastas extensiones de selva, y los peces nadan entre los gigantescos troncos de los árboles.

LA VIDA VEGETAL

En la mayoría de los bosques predomina una determinada especie de árbol, como, por ejemplo, el roble o el arce. Sin embargo, en las selvas se pueden dar hasta más de 80 especies distintas de árboles en sólo media hectárea de tierra.

En las selvas se dan otras muchas variedades de plantas, además de árboles. En cualquier lugar en el que la luz logre penetrar hasta el suelo, crecen exóticas hierbas y helechos. Fuertes tallos cuelgan, como si fueran cuerdas, de los gigantescos árboles. Estas plantas trepadoras, llamadas **epifitas**, aportan gran cantidad de hojas y flores al palio vegetal. Trepan hasta zonas de más luz agarrándose a los árboles, pero no los dañan. Sus raíces cuelgan en el aire o se introducen en las horquillas o las grietas con tierra de los árboles.

▲ La *rafflesia* crece sobre el suelo de la selva en algunas regiones de Asia. Esta planta produce las flores más grandes que existen. ¡Llegan a medir un metro de diámetro! Tienen gruesos y verrugosos pétalos y centros con pinchos que exhalan un olor a carne putrefacta.

▶ Algunas plantas epifitas tienen rosetas de hojas que recogen el agua de lluvia y los residuos formando charcos donde viven las diminutas ranas de las selvas.

DATOS CURIOSOS

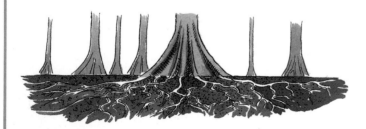

Las raíces de los árboles de las selvas son poco profundas. Para asegurarse, algunas especies poseen **contrafuertes** que actúan como soportes complementarios para anclarse al suelo.

La mayor parte de las hojas de las selvas son guesas y enceradas, con un **ápice acanalado** para poder desaguar la superficie foliar. A menudo son tan grandes que se pueden usar de paraguas.

UN FESTÍN EN LA SELVA

La exuberante vegetación de las selvas alberga miles de insectos de diferentes especies. Algunos, como los escarabajos y las moscas, cumplen la función de basureros limpiando los residuos del suelo de las selvas. Otros, como las abejas y las avispas, contribuyen a la polinización de las flores. Abundan también las hormigas y las arañas, que se alimentan de otros insectos y así evitan que su número se multiplique excesivamente.

Las plantas y los insectos sirven de alimento a miles de animales de diversas especies. En las fotografías puedes ver algunos de los que puedes encontrar dándose un festín en la selva.

▲ Se pueden encontrar lagartos en cualquier lugar de la selva comiendo insectos, plantas y, ocasionalmente, pequeños animales. La mayoria de los lagartos atrapan insectos con la boca, pero algunos los cogen al vuelo gracias a sus larguísimas lenguas.

◄ El orangután gigante rojo tiene siempre mucho apetito. Le encanta comer fruta, pero también está dispuesto a masticar hojas, brotes y la corteza de los árboles. De vez en cuando varía su dieta y come huevos que roba de los nidos. Para encontrar sus frutas preferidas, los astutos orangutanes observan los pájaros que comparten sus mismos gustos y los siguen por la selva. Los orangutanes pasan la mayor parte de sus vidas en las copas de los árboles, columpiándose de rama en rama. Gracias a sus largos y fuertes brazos y a sus ganchudas manos pueden trepar con gran facilidad. Estos primates se encuentran en las selvas de Borneo y Sumatra.

▲ Los murciélagos abundan en las selvas. Estos animales no son aves, sino los únicos mamíferos voladores del mundo. Muchos murciélagos comen insectos, pero algunos, como el zorro volador de la foto, comen fruta y así contribuyen a diseminar las semillas por la selva.

▲ El pico largo y estrecho del colibrí es muy adecuado para extraer el néctar de las flores. Estos pájaros también comen insectos. Los colibríes son magníficos voladores; pueden volar, incluso, hacia atrás.

▶ Los perezosos se alimentan exclusivamente de hojas. Pasan casi todo el tiempo encaramados en las copas de los árboles. Existen perezosos de dos dedos y de tres, como el de la foto. En el pelaje de este animal se esconden algas, cucarachas, polillas y acáridos.

EL ENEMIGO ACECHA

Las selvas son lugares peligrosos. Los loros de brillantes colores, los monos parlanchines y los adormilados perezosos pueden parecernos libres de toda preocupación, pero tienen enemigos. Cuando una gigantesca águila sobrevuela las copas de los árboles o un ágil felino sale a cazar, todos los animales que habitan el palio vegetal están atemorizados.

Los felinos de gran tamaño y las águilas son los mayores cazadores de la selva, pero hay muchos otros. Sobre el palio vegetal, las largas serpientes arbóreas cazan lagartos, ranas y pequeños pájaros. Sobre el suelo, inmensos y pesados constrictores, como la anaconda, acechan presas de mayor tamaño, como los jabalíes o los ciervos, que se alimentan del lecho de hojas.

También abundan criaturas de pequeño tamaño, pero que constituyen una seria amenaza para la vida. Por toda la selva se encuentran escorpiones, arañas, abejas y avispas cuyas picaduras venenosas pueden causar erupciones cutáneas, enfermedades e, incluso, la muerte.

▲ Cada tipo de bosque tropical tiene su propia especie de águila gigante. En África se halla el águila coronada; en Suramérica, la harpía; y en Asia, el águila monera que puedes ver en la foto. Las águilas gigantes cazan monos, perezosos y otras presas de gran tamaño en el palio vegetal.

◄ Algunos felinos, como los tigrillos y las panteras nebulosas, trepan a los árboles con gran soltura. Persiguen monos y ardillas por la capa inferior de la selva. Otros, como este jaguar, prefieren aguardar tranquilamente sobre las ramas bajas a que pase por debajo alguna presa para saltar sobre ella.

El surucucú caza pequeños animales que comen la **carroña** que encuentran sobre el suelo. Esta serpiente inyecta veneno a su presa cuando la muerde. El surucucú es una de las serpientes más temidas en Suramérica. Su mordedura puede causar la muerte a una persona en pocas horas. ¡Por suerte es muy tímida y no se deja ver muy a menudo!

PROTEGIÉNDOSE DEL PELIGRO

Las criaturas más pequeñas de las selvas son las que tienen mayor número de enemigos naturales. De ahí que hayan desarrollado muchas formas de defensa.

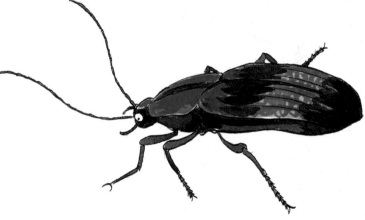

Algunos animales de la selva producen en su cuerpo un veneno que tiene un desagradable sabor. Estos animales lucen unas llamativas manchas que avisan del peligro existente a los depredadores, que han aprendido a reconocerlas.

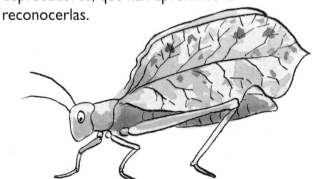

Algunas mariposas tienen unas manchas ocultas que asemejan ojos. Estos falsos ojos sobresaltan al atacante y dan a la mariposa una oportunidad de escaparse.

Muchos insectos, como esta cigarra tropical, reducen el riesgo de ser comidos gracias a su **camuflaje.**

LOS HABITANTES DE LA SELVA

El hombre acostumbrado a la civilización moderna se encuentra incómodo en la selva. La humedad y el calor le resultan agobiantes. Corre peligro a cada paso que da y, a pesar de estar rodeado de comida, no distingue un fruto venenoso de otro nutritivo y refrescante.

Sin embargo, las selvas han estado habitadas por algunas **tribus** desde hace siglos. Para éstas, la selva constituye su hogar y el único mundo que conocen. Las tribus de la selva viven en comunidades jerarquizadas y tienen sus propias costumbres y cultura. Tienen un profundo conocimiento de la vida de la selva. Saben qué plantas y qué animales son útiles y cómo obtenerlos sin riesgos.

Hay tribus en las selvas de determinadas zonas de África, Asia y Suramérica, pero su forma de vida se encuentra amenazada. Aunque las leyes internacionales recogen sus derechos, a menudo son maltratadas y se les roba u ocupa la tierra que les pertenece. Si desaparecieran todas estas antiguas tribus, su pormenorizado conocimiento de la selva podría perderse para siempre.

▼ Una gran extensión de selva sólo puede alimentar a unos cientos de personas. Por esta razón, las tribus que habitan las selvas están muy diseminadas. Algunas tribus construyen casas comunales donde viven varias familias juntas.

◀ Los niños que viven en la selva no van al colegio. Sin embargo, tienen mucho que aprender. Los adultos les transmiten sus conocimientos de la vida en la selva.

▼ Muchos habitantes de la selva pintan sus cuerpos con tintes de colores brillantes y usan plumas, flores y otros elementos que les proporciona la naturaleza para fabricarse adornos.

DATOS CURIOSOS

Los pigmeos de la selva africana son muy bajos. Los más altos sólo miden 1,40 m. La vida no resulta nada fácil en la selva. La esperanza de vida de una persona en

nuestra sociedad actual es de unos 70 años. Sin embargo, pocos habitantes de la selva viven más de 40. Epidemias tales como la gripe o el sarampión, introducidas por los colonizadores europeos, siguen causando estragos en las poblaciones indígenas. En Brasil han desaparecido más de 80 tribus desde comienzos de siglo.

LOS RECURSOS DE LA SELVA

Las tribus de las selvas consiguen todo lo que necesitan de su entorno. La gran diversidad de plantas y animales que se encuentran en estos bosques les proveen de alimento, material de construcción para sus casas y materia prima para fabricar telas, medicinas, herramientas y cosméticos.

Nosotros también utilizamos productos de la selva. Gran parte de la fruta, frutos secos y cereales que compramos en el supermercado provienen de estos lugares. La gallina, hoy criada en granjas en todo el mundo, se originó en los bosques tropicales. Las **maderas duras**, como la teca, la caoba y el ébano, provienen de árboles que crecen en la selva.

Otros productos de los bosques tropicales son el té, el café, el cacao, el caucho y muchos tipos de medicinas.

Todavía sabemos muy poco acerca de la selva. Los científicos piensan que aún quedan muchos productos alimenticios, medicinas y materias primas por descubrir en ellas.

▼ Estas pequeñas ranas que viven en la selva producen un veneno mortal bajo la piel para evitar ser comidas por otros animales. Algunas tribus extraen este veneno asando lentamente las ranas y recogiendo su sudor. Luego untan en él la punta de sus dardos, que lanzan con un fuerte soplido a través de las cerbatanas, para cazar animales de gran tamaño.

TESOROS DE LA SELVA

Un árbol que crece en la cuenca amazónica produce una savia semejante al gasóleo. Se puede usar como combustible echándolo directamente en el depósito del camion.

Un cuarto de todas las medicinas que se pueden encontrar en nuestras farmacias tienen su origen en las plantas y los animales que habitan las selvas.

Los insectos de las selvas podrián servirnos como alternativa a caros insecticidas. En Florida (E.U.A.) se introdujeron con gran éxito tres tipos distintos de abejas para controlar las pestes que estaban dañando los frutos de los cítricos.

Hay por lo menos 1.500 nuevas frutas y verduras potenciales creciendo en las selvas del mundo.

▲ Mujeres y niños de la tribu Yanomami buscan alimento en el suelo de la selva mientras los hombres cazan monos, pájaros y otras presas.

LA DESTRUCCIÓN DE LA SELVA

Las selvas constituyen un verdadero tesoro para el hombre. Sin embargo, están siendo destruidas para extraer madera y para dar al suelo otros usos. Esto se debe a que la mayoría de las selvas se hallan en países subdesarrollados o en vías de desarrollo que no pueden permitirse el lujo de mantener sus selvas sin explotar.

Grandes extensiones de selva se han vendido a compañías madereras. Éstas envían *bulldozers* y equipos provistos de motosierras para talar los árboles. La fauna huye entonces del lugar. Y, aunque sólo derriben los árboles más grandes y viejos, cuando terminan su trabajo, han destruido más de la mitad del bosque.

Grandes áreas de selva se limpian de vegetación para poder extraer ricas reservas de minerales, como el hierro, el cobre o el uranio, o para dedicarlas al rentable cultivo del café, el cacao o el plátano.

Pero no sólo se siembran extensos cultivos que proporcionan grandes beneficios. En los países donde se encuentran las selvas hay muchos pobres sin hogar, que, para subsistir, se ven obligados a abandonar las ciudades superpobladas y cultivar pequeños campos ganados a la selva. El cultivo que llevan a cabo se denomina **cultivo itinerante sobre cenizas**, puesto que construyen sencillas granjas en la selva y luego queman la vegetación de la zona que piensan cultivar para despejarla y abonar el suelo con la ceniza.

▼ Se han ido a vivir a la selva aproximadamente quinientos millones de personas y seguramente irán más. Allí subsisten cultivando pequeños campos ganados a la selva para obtener los alimentos que consumen y venden.

▶ Observa la diferencia existente entre el rico mundo vegetal de la selva, al fondo, y la tierra agrietada que está en primer plano. Grandes áreas de Brasil han sido devastadas, y la fauna y la flora han desaparecido para siempre.

UN PARAÍSO DESAPARECIDO

En menos de diez años las selvas pueden convertirse en lugares tan infértiles y sin vida como los desiertos. Esto se debe a que la mayoría de las selvas se levantan sobre un suelo pobre y arcilloso recubierto sólo por una fina **capa superficial** de tierra fértil. Esta capa se fija gracias a los inmensos árboles.

Para llevar a cabo los cultivos itinerantes sobre cenizas se quema la vegetación. Tras pocos años, las lluvias tropicales arrastran la

DE LO BUENO A LO MALO

Los árboles y las plantas contribuyen a mantener limpia la atmósfera. Utilizan la luz solar, el agua y el aire para fabricar su alimento. En este proceso toman el aire que nosotros exhalamos (dióxido de carbono), y producen el aire que nosotros respiramos (oxígeno).

Cuando se quema la selva a fin de ganar nuevas tierras para la agricultura, ésta deja de proporcionarnos oxígeno. Además, la combustión de la madera libera grandes cantidades de carbono que contaminan la atmósfera.

capa de tierra fértil, los campos se vuelven estériles y se abandonan.

Las tierras yermas abandonadas por los granjeros son cuarteadas por el sol e inundadas por las lluvias. La lluvia, que podría haber servido para regar árboles y otras plantas, cae directamente sobre la tierra y se desliza cuesta abajo arrastrando toneladas de tierra consigo. Los valles se inundan y el agua clara de los ríos se llena de barro.

Los científicos piensan que, si prosigue el ritmo actual de destrucción, para el año 2050 no quedarán selvas en el planeta. Si desaparece este paraíso, desaparecerán también para siempre miles de especies diversas de plantas y de animales.

SALVEMOS LA SELVA

Cada vez hay más gente consciente de la necesidad de salvar la selva. Se han tomado algunas medidas de protección, gracias a las cuales se ha frenado el ritmo de destrucción de la selva. Las tribus nativas han cortado el paso a los *bulldozers* y a los equipos de taladores. Muchas asociaciones **ecologistas** han lanzado grandes campañas a favor de las selvas.

Pero se puede hacer mucho más para salvar las selvas del mundo. Las compañías madereras podrían cambiar su forma de extraer la madera, para causar menores males. También se las podría obligar a replantar las zonas que talan. Habría que enseñar a la gente que realiza cultivos itinerantes sobre cenizas formas menos dañinas de cultivar las tierras de las selvas. Plantando juntos árboles y cultivos, se conservaría la frágil capa fértil de la superficie y así se podría utilizar el mismo terreno durante muchos años.

Los países industrializados también deberían ayudar. Los países con selvas están usando sus preciados bosques tropicales para pagar las inmensas deudas que han contraído con aquéllos. Si se les eximiese del pago de parte de esa deuda, se podría invertir más dinero en el desarrollo de las zonas sin selva y los bosques tropicales se conservarían.

▲ Roani es el jefe de la tribu de los kayabo, de Brasil. Ha viajado miles de kilómetros desde su hogar, en la selva, para dar a conocer los problemas que afronta su gente. Su tierra ha sido invadida por forasteros y agricultores que cultivan por rozas de fuego. Las selvas, de las que dependen para obtener alimento y protección, estan siendo destruidas.

◄ Los científicos creen que más de 50 especies de insectos, plantas y animales desaparecen a diario a causa de la destrucción de los bosques tropicales. Muchos animales muy apreciados por el hombre, como los tigres y los orangutanes, están en **peligro de extinción** porque se está destruyendo su hábitat. Si se protegieran grandes extensiones de selva, estos animales no estarían amenazados.

CAMPAÑA A FAVOR DE LA SELVA

Realiza tu propia campaña de difusión
Cuenta a tu familia y a tus amigos los problemas que amenazan la supervivencia de las selvas. Escribe al presidente del gobierno y pídele que ayude a los países que tienen selva.

Ayuda a las asociaciones a favor de la selva
Contribuye con tu apoyo o con tu ayuda económica a las campañas que realizan las asociaciones ecologistas para presionar a los gobiernos y hacer que la gente tome conciencia del problema que amenaza las selvas. Procura mantenerte informado de las medidas de protección que toman los gobiernos y de las campañas que se organizan, mediante la prensa, la radio y la televisión.

LOS LADRONES DE CAURÍS

*Durante miles de años, los hombres han relatado
historias relacionadas con el mundo que los rodeaba.
A menudo intentaban explicar en ellas algo que no acababan
de comprender, como, por ejemplo, la creación del mundo
o de dónde proviene la luz. Esta leyenda de los ladrones
de caurís se narra en el Congo, en África.*

Hace muchos años, en un poblado en medio del Congo, vivían un hombre y una mujer que eran mucho más pequeños y mucho más oscuros de piel que los demás hombres y mujeres del lugar.

Además de ser distintos físicamente, tenían unas costumbres de lo más irritantes para sus vecinos. Casi nunca trabajaban; preferían sentarse a charlar el uno con el otro. Si alguna vez se ponían a hacer algo, pronto desistían de su empeño y se iban a otro lado.

Solían pasarse por casa de algún vecino justo cuando tenía la comida preparada. Así al huésped no le quedaba más remedio que invitarlos a comer, pues ésa era la costumbre del lugar.

Pero lo peor era su afición a coger las cosas que no eran suyas. Ambos se metían en las chozas de la gente y cogían todo lo que se les antojaba. Miraban dentro de las cestas, daban un mordisco a la comida que encontraban, o cambiaban todo de lugar de manera que el dueño, al llegar, se encontraba todo desordenado.

Los habitantes del poblado los soportaban porque no hacían daño a nadie. Si alguien se enfadaba con ellos, ponían tal cara de tristeza al darse cuenta de que habían hecho algo malo y prometían con tan buena fe que no lo volverían a hacer que era imposible seguir disgustado con ellos durante mucho rato.

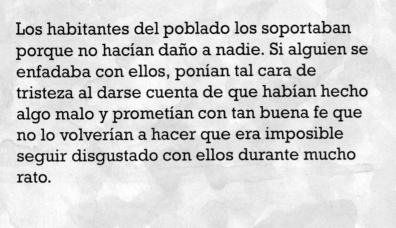

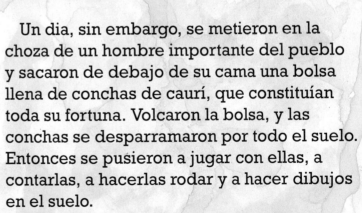

Un dia, sin embargo, se metieron en la choza de un hombre importante del pueblo y sacaron de debajo de su cama una bolsa llena de conchas de caurí, que constituían toda su fortuna. Volcaron la bolsa, y las conchas se desparramaron por todo el suelo. Entonces se pusieron a jugar con ellas, a contarlas, a hacerlas rodar y a hacer dibujos en el suelo.

Después de un rato, el pequeño hombre de piel oscura decidió ir a buscar algo que comer, y la pequeña mujer de piel oscura le siguió dejando las conchas tiradas por el suelo.

Cuando regresó el dueño de la choza y vio sus conchas por el suelo, pensó que le habían robado.

Gritó a los habitantes para que acudieran a ver lo que le había ocurrido. La mujer que vivía en la choza vecina dijo que había visto al hombre y a la mujer de piel oscura salir de la choza del hombre importante.

En ese momento, alguien vio acercarse al hombre y la mujer de piel oscura, que iban comiendo unos plátanos. Cuando los acusaron de robar las conchas de caurí, pusieron cara de sorpresa.

El hombre importante no esperó a que le dieran una explicación.

—¡Van a ver cuando los atrape!
—les gritó.

Corrió hacia ellos agitando los brazos amenazadoramente. El pequeño hombre y la pequeña mujer de piel oscura echaron a correr con todas sus fuerzas hacia la selva, perseguidos por todos los demás habitantes del poblado.

Cuando llegaron a la selva, el pequeño hombre y la pequeña mujer de piel oscura treparon a un árbol para esconderse de sus perseguidores. Durante unos minutos, éstos no acertaban a adivinar dónde se habían metido. De repente, uno de ellos divisó el

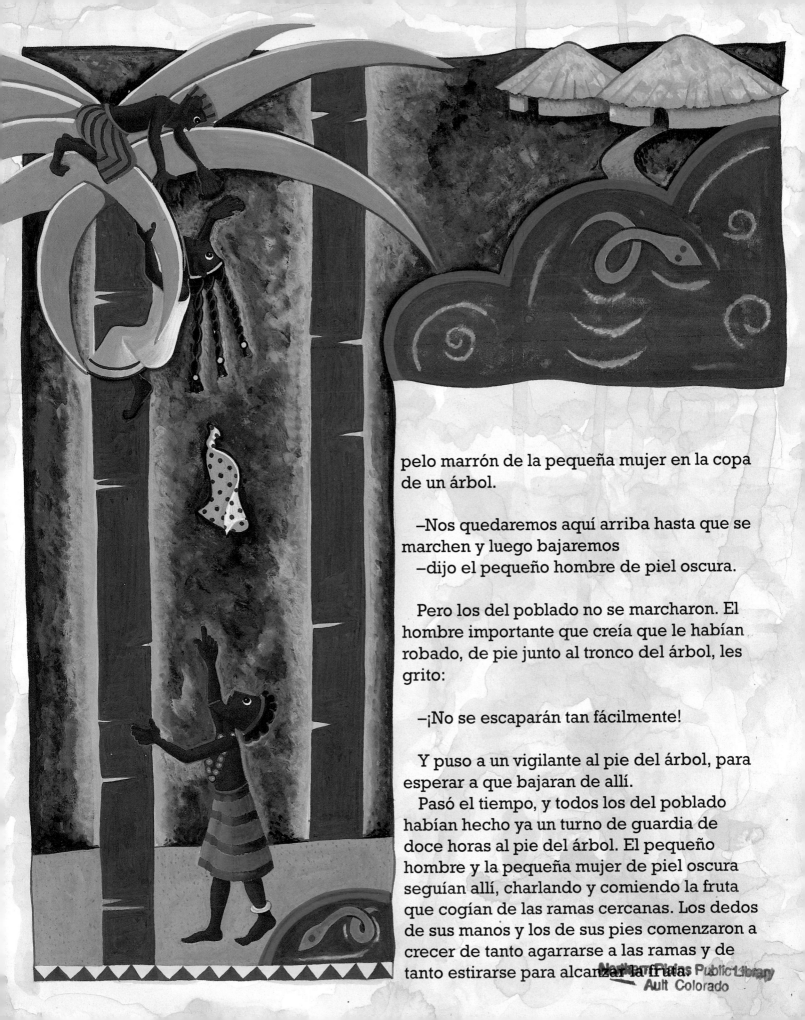

pelo marrón de la pequeña mujer en la copa de un árbol.

–Nos quedaremos aquí arriba hasta que se marchen y luego bajaremos
–dijo el pequeño hombre de piel oscura.

Pero los del poblado no se marcharon. El hombre importante que creía que le habían robado, de pie junto al tronco del árbol, les grito:

–¡No se escaparán tan fácilmente!

Y puso a un vigilante al pie del árbol, para esperar a que bajaran de allí.

Pasó el tiempo, y todos los del poblado habían hecho ya un turno de guardia de doce horas al pie del árbol. El pequeño hombre y la pequeña mujer de piel oscura seguían allí, charlando y comiendo la fruta que cogían de las ramas cercanas. Los dedos de sus manos y los de sus pies comenzaron a crecer de tanto agarrarse a las ramas y de tanto estirarse para alcanzar la fruta

Un día, cuando todos los habitantes del poblado habían vigilado al pie del árbol dos veces, el pequeño hombre y la pequeña mujer de piel oscura se dieron cuenta de que les había crecido un pelo largo y espeso por todo el cuerpo. Ahora resultaba difícil distinguirlos entre los árboles.

Otro día, cuando todos los habitantes del poblado habían vigilado al pie del árbol tres veces, el pequeño hombre y la pequeña mujer notaron una extraña sensación en la base de la columna.

¡Les había crecido un rabo! Se pusieron a dar saltos en las ramas, a charlar y a columpiarse agarrados a las ramas con sus recién nacidos rabos.

cual, aunque a la gente del Congo a menudo le molesta que los monos entren en sus casas, ensucien y les quiten comida, jamás les hacen daño.

El habitante del poblado que estaba vigilando al pie del árbol oyó el ruido y miró hacia arriba. ¡Qué sorpresa se llevo! El pequeño hombre y la pequeña mujer se habían convertido en monos.

Cuando el hombre regresó al poblado para contar lo que había visto, el hombre que pensaba que le habían robado se puso furioso. Pero más tarde, cuando contó sus conchas de cauri, se dio cuenta de lo injusto que había sido. ¡Cuánto se arrepintió de su apresuramiento! Y ésta es la razón por la

¿VERDADERO O FALSO?

¿Cuáles de estas preguntas son verdaderas y cuáles son falsas?
Si has leído este libro con atención, sabrás las respuestas.

1. Las selvas se extienden por toda Europa.

2. Las selvas se encuentran entre el trópico de Capricornio y el de Cáncer.

3. Existen hasta 40 tipos diferentes de selvas.

4. Los orangutanes gigantes rojos viven en los bosques de África.

5. Pueden crecer más de 80 especies de árboles en sólo media hectárea de selva.

6. La selva más grande del mundo está en Australia.

7. En el largo pelaje de los perezosos se encuentran algas e insectos.

8. Las águilas gigantes se alimentan de animales que viven sobre el suelo de la selva.

9. Las gallinas provienen de la selva.

10. Algunas tribus obtienen veneno estrujando ciertas ranas.

11. La savia de una determinada especie de árbol que se da en Amazonas es muy semejante al gasóleo y se puede utilizar como combustible para los motores de los camiones.

12. El cultivo itinerante sobre cenizas enriquece el suelo.

13. Las selvas pueden desaparecer para el año 2050.

VOCABULARIO

● **Ápice acanalado:** Extremo alargado que tienen la mayoría de las hojas de los árboles tropicales, que facilita desalojar el agua de su superficie.

● **Camuflaje:** Recurso mediante el cual la parte externa de una criatura (plumas, piel o escamas) se disimula en el paisaje. De esta manera tiene menos posibilidades de ser avistado por sus depredadores. El camaleón puede cambiar de color, adoptando los de su entorno.

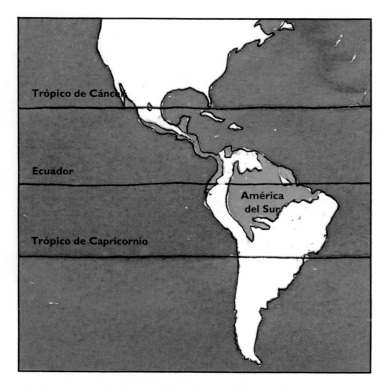

● **Capa inferior:** Nivel medio de la vegetación de la selva, bajo el palio vegetal, compuesto por árboles bajos y arbustos.

● **Capa superficial del suelo:** Fina capa de tierra fértil que se encuentra sobre la tierra pobre y pedregosa de las selvas.

● **Carroña:** Carne podrida, sobre todo la de un animal muerto y abandonado en el campo.

● **Contrafuertes:** Raíces que desarrollan ciertos árboles de gran altura de la selva para ayudarlos a mantenerse erguidos.

Cultivo itinerante sobre cenizas: Forma de cultivo llevada a cabo por gente de pocos recursos que consiste en talar y quemar la vegetación de una determinada zona de la selva para sembrar. Al cabo de poco tiempo se abandonan estas tierras, pues se vuelven yermas.

● **Ecología:** Ciencia que estudia las relaciones existentes entre los seres vivos y el medio ambiente en que viven. Las asociaciones **ecologistas** buscan proteger las especies naturales y los diversos hábitats de una excesiva explotación por el hombre. Para ello es fundamental la colaboración de los gobiernos, además de la de los científicos.

● **Ecuador:** Línea imaginaria que rodea la Tierra y que equidista de los dos polos.

● **Epifita:** Planta que crece sobre otra sin dañarla. No es una planta parásita.

● **Maderas duras:** La madera de ciertos árboles que crecen en las selvas, como la teca, la caoba y el ébano, es extraordinariamente resistente y, por ello, muy adecuada para la fabricación de muebles. Para obtenerla se talan las selvas.

● **Trópico de Cáncer y trópico de Capricornio:** Líneas imaginarias que se encuentran aproximadamente a 23 grados y 28 minutos al norte y al sur del ecuador. Sobre los puntos de la Tierra situados sobre ellos, el sol cae verticalmente en los días 21 de junio (para el del norte) y 21 de diciembre (para el del sur), fechas que marcan el comienzo del verano en el hemisferio correspondiente.

● **Medio ambiente:** Conjunto de condiciones que influyen en el desarrollo y la actividad de los organismos que viven en él.

● **Palio vegetal:** Techo frondoso de la selva que se encuentra a unos 40–50m de altura.

● **Peligro de extinción:** Situación de una especie de animal o planta de la que quedan pocos ejemplares y que es probable que desaparezca.

● **Tribu:** Comunidad de personas, propia de pueblos primitivos, que comparten un mismo modo de vida y que viven juntos para defenderse de los peligros.

ÍNDICE ALFABÉTICO